De la Maison à la Fortune :

Guide pour lancer votre entreprise à domicile

Par Lucas Everhart

Table des matières

Introduction

Pourquoi démarrer une entreprise à domicile?

Imaginez-vous commencer votre journée sans la sonnerie stridente du réveil, sans la précipitation matinale pour attraper le train ou rester coincé dans les embouteillages. Imaginez un monde où votre bureau est à quelques pas de votre chambre, où vous décidez de votre emploi du temps, et où le plafond de vos revenus est déterminé par votre passion, votre dévouement et votre créativité, et non par un supérieur hiérarchique.

L'entrepreneuriat à domicile n'est pas seulement une tendance ou un mot à la mode; c'est une révolution silencieuse qui redéfinit la manière dont nous percevons le travail et la vie. C'est une invitation à reprendre le contrôle, à définir ses propres termes de réussite et à vivre une vie moins ordinaire.

Mais comme toute grande aventure, elle est parsemée d'obstacles et de défis. Cependant, armé des bonnes connaissances, de la détermination et d'une vision claire, vous pouvez naviguer sur cette mer d'opportunités avec confiance.

Si l'idée de construire quelque chose de vos propres mains, de laisser une empreinte durable et de vivre selon vos propres règles vous séduit, alors vous êtes au bon endroit. Embarquez avec nous dans ce voyage pour découvrir pourquoi l'entrepreneuriat à domicile pourrait être votre prochaine grande aventure et comment vous pouvez le maîtriser.

Les avantages et défis de l'entrepreneuriat à domicile.

L'idée de démarrer une entreprise à domicile a séduit de nombreux entrepreneurs à travers le monde. Mais qu'est-ce qui rend cette option si attrayante? Voici quelques raisons majeures pour lesquelles vous pourriez envisager de lancer votre propre entreprise depuis le confort de votre maison.

1. Flexibilité:

L'un des avantages les plus évidents de travailler à domicile est la flexibilité qu'il offre. Vous pouvez définir vos propres horaires, ce qui vous permet de mieux équilibrer travail, vie personnelle et famille. Finies les heures passées dans les embouteillages ou les transports en commun; votre bureau est à quelques pas de votre chambre.

2. Coûts de démarrage réduits:

Contrairement à une entreprise traditionnelle où vous pourriez avoir besoin de louer un espace, acheter du matériel ou même rénover, démarrer une entreprise à domicile nécessite souvent moins d'investissement initial. Cela peut rendre l'entrepreneuriat accessible à davantage de personnes.

3. Confort personnel:

Travailler dans un environnement familier peut augmenter votre niveau de confort, ce qui peut, à son tour, améliorer la productivité. De plus, vous avez le contrôle total sur votre espace de travail, vous permettant de le personnaliser selon vos préférences.

4. Moins de distractions:

Bien que cela puisse dépendre de votre situation personnelle, beaucoup trouvent qu'il y a moins de distractions à la maison par rapport à un bureau traditionnel. Pas de collègues pour des discussions impromptues ou de bruits ambiants indésirables.

5. Potentiel de croissance:

Avec l'essor du numérique, de nombreuses entreprises à domicile ont le potentiel de toucher un public mondial. Cela signifie que vous n'êtes pas limité à votre localité ou à votre région; le monde est votre marché.

6. Équilibre travail-vie personnelle:

Même si cela nécessite de la discipline, avoir une entreprise à domicile peut vous aider à atteindre un meilleur équilibre entre travail et vie personnelle. Vous pouvez, par exemple, prendre une pause pour faire une activité avec vos enfants ou faire une courte sieste pour vous rafraîchir.

7. Réduction des coûts opérationnels:

Pas de loyer de bureau, pas de frais de déplacement, moins de dépenses en vêtements professionnels et repas hors de chez soi. Tous ces éléments peuvent réduire considérablement vos coûts opérationnels mensuels.

Conclusion:

Démarrer une entreprise à domicile présente de nombreux avantages, tant sur le plan professionnel que personnel. Cependant, comme toute entreprise, elle nécessite de la détermination, de la discipline et une planification soignée. Si vous êtes prêt à relever le défi, cette voie peut offrir une liberté et une satisfaction inégalées.

Chapitre 1: Évaluation de Soi

Analyser vos compétences et passions.

L'entrepreneuriat est une odyssée, une exploration profonde de soi, où la connaissance de soi est aussi cruciale que la connaissance du marché. Au cœur de cette odyssée se trouvent deux piliers : vos compétences et vos passions.

Les compétences sont les outils que vous avez affûtés au fil des ans. Elles sont le fruit de votre éducation, de vos expériences professionnelles et de vos interactions. Pensez à Bill Gates. Avant de co-fonder Microsoft, il avait passé des années à coder, à comprendre les nuances de la programmation. C'était une compétence qu'il avait développée, et qui allait devenir la pierre angulaire de son empire technologique. Mais ce qui est encore plus fascinant, c'est que Gates n'a jamais cessé d'apprendre. Même après avoir fondé Microsoft, il a continué à se former, à lire et à s'adapter aux nouvelles technologies et tendances.

Mais les compétences seules ne suffisent pas. Elles doivent être couplées à une passion ardente. Prenez Walt Disney, par exemple. Il possédait une compétence indéniable en matière d'animation, mais c'était sa passion pour la narration et son désir de créer des mondes magiques qui ont donné naissance à l'empire Disney. Disney n'était pas simplement un animateur; il était un visionnaire qui croyait en l'impossible. Il a vu le potentiel de l'animation pour raconter des histoires émotionnelles et captivantes, et il a poursuivi cette vision avec une détermination inébranlable.

Quant à vos passions, elles sont souvent plus profondes, plus intangibles. Pour les identifier :

- Qu'est-ce qui me fait vibrer ?
- Sur quels projets ai-je travaillé qui m'ont fait perdre la notion du temps ?
- Quels sont les sujets ou les causes pour lesquels je pourrais parler pendant des heures ?

Pour évaluer vos compétences, posez-vous les questions suivantes :

- Qu'ai-je étudié ou appris qui me distingue ?
- Dans quels domaines ai-je travaillé et qu'ai-je appris de ces expériences ?
- Quelles compétences ai-je développées en dehors de mon éducation formelle ?

Dans cette ère numérique, le monde est littéralement à portée de main. Jamais auparavant il n'a été aussi simple d'acquérir des compétences, de se former et de se cultiver, sans même franchir le seuil de sa porte. Si les institutions académiques traditionnelles ont leur valeur, il est crucial de reconnaître que l'éducation ne se limite plus à ces murs.

Prenons l'exemple de Khan Academy, une plateforme entièrement gratuite offrant des cours sur une multitude de sujets, allant des mathématiques à l'art, en passant par l'économie. Ou encore Coursera et edX, qui proposent des cours de grandes universités du monde entier, souvent sans frais. Ces plateformes démontrent que le savoir n'est plus le privilège de quelques-uns, mais un droit accessible à tous.

Les blogs et les sites web spécialisés sont également des mines d'or d'informations. Que vous souhaitiez vous plonger dans le monde du marketing digital avec des sites comme HubSpot ou Neil Patel, ou que vous cherchiez à maîtriser l'art de la programmation avec FreeCodeCamp ou Codecademy, il existe une ressource pour vous.

Et n'oublions pas les podcasts et les chaînes YouTube, où des experts partagent généreusement leurs connaissances et leurs expériences. Des chaînes comme CrashCourse ou TED-Ed offrent des leçons précieuses dans des formats digestes et engageants.

Mais au-delà des ressources, ce qui compte le plus, c'est votre soif d'apprendre. Dans ce vaste océan d'informations, c'est votre détermination à naviguer, à plonger profondément, qui fera toute la différence. Car, comme l'a dit un jour le grand Leonardo da Vinci : "Sapere Aude" - "Ose savoir". Osez chercher, osez questionner, osez apprendre.

Alors, à vous, futurs entrepreneurs, je dis ceci : Ne laissez jamais les contraintes traditionnelles de l'éducation vous limiter. Le monde est votre salle de classe, chaque expérience est une leçon, et chaque jour est une opportunité d'apprendre. Avec la puissance d'Internet à vos côtés, vous avez le pouvoir de façonner votre propre éducation, de forger votre propre chemin, et de réaliser vos rêves les plus audacieux.

Déterminer si vous êtes prêt pour l'entrepreneuriat.

L'entrepreneuriat est une montagne. C'est un défi qui demande du courage, de la persévérance et une volonté de fer. Mais comment savoir si vous êtes prêt à gravir cette montagne ?

Pensez à Howard Schultz, le cerveau derrière Starbucks. Avant de transformer une petite chaîne de cafés de Seattle en une marque mondiale, Schultz a dû faire face à de nombreux refus. Il a présenté son idée à des centaines d'investisseurs, et près de 220 d'entre eux l'ont rejeté. Mais il était prêt. Il avait la vision, la détermination et la résilience nécessaires pour poursuivre son rêve. Schultz n'était pas un homme d'affaires formé dans les meilleures écoles de commerce. Il a grandi dans un quartier pauvre de Brooklyn, mais il avait une chose que beaucoup n'avaient pas : une croyance inébranlable en lui-même et en sa vision.

Pour évaluer votre préparation à l'entrepreneuriat, considérez les éléments suivants :

- **Résilience** : L'entrepreneuriat est semé d'obstacles. Êtes-vous prêt à faire face à l'échec et à continuer malgré tout ?
- **Vision** : Avez-vous une idée claire de ce que vous voulez réaliser ? Comme Jeff Bezos l'avait pour Amazon, envisageant un "tout magasin" bien avant que cela ne devienne une réalité.
- **Engagement** : Êtes-vous prêt à consacrer du temps, de l'énergie et des ressources à votre entreprise ? Pensez à Elon Musk, qui a investi une grande partie de sa propre fortune pour sauver Tesla et SpaceX de la faillite.
- **Apprentissage continu** : Le monde des affaires évolue rapidement. Êtes-vous prêt à apprendre, à vous adapter et à évoluer ?

L'entrepreneuriat est plus qu'une simple profession, c'est un appel. C'est l'appel de ceux qui rêvent éveillés, qui voient le monde non pas pour ce qu'il est, mais pour ce qu'il pourrait être. C'est l'appel de ceux qui, face à l'adversité, choisissent de se lever, de persévérer et de forger leur propre destin. Si vous ressentez ce frisson, cette étincelle intérieure qui vous pousse à vouloir créer, innover et apporter une valeur inestimable au monde, alors vous êtes peut-être sur le point de répondre à cet appel.

Mais rappelez-vous ceci : chaque grande aventure commence par un simple pas, souvent dans l'inconnu. L'entrepreneuriat est un voyage, et comme tout voyage, il nécessite préparation, courage et conviction. Alors, avant de vous lancer, regardez profondément en vous. Reconnaissez vos peurs, mais ne les laissez pas vous dominer. Célébrez vos compétences, mais soyez toujours prêt à apprendre et à grandir. Car c'est dans cette quête constante de croissance et d'excellence que vous trouverez non seulement le succès entrepreneurial, mais aussi une réalisation personnelle profonde et durable.

Chapitre 2: Trouver la Bonne Idée

Brainstorming et évaluation des idées d'entreprise.

Le brainstorming, ou remue-méninges en français, est une technique de groupe visant à stimuler la créativité afin de générer le maximum d'idées en un minimum de temps. C'est une méthode qui a été popularisée dans les années 1950 par Alex Osborn, un publicitaire américain, bien qu'elle trouve ses racines dans des pratiques bien plus anciennes. Le principe est simple : dans un environnement propice, libéré des jugements et des critiques, les participants sont encouragés à exprimer librement leurs idées, aussi folles ou non conventionnelles soient-elles.

Le cadre du brainstorming

Tout d'abord, il est essentiel de comprendre que le brainstorming n'est pas une simple discussion. C'est un processus structuré qui nécessite un environnement spécifique. Une séance typique se déroule dans une salle calme, à l'écart des distractions. Les téléphones portables sont souvent mis de côté, et les ordinateurs ne sont utilisés que si nécessaire. L'objectif est de créer un espace où les participants peuvent se concentrer pleinement sur la tâche à accomplir.

Le rôle du modérateur

Chaque séance de brainstorming est généralement dirigée par un modérateur. Son rôle est crucial. Il ou elle doit encourager la participation, veiller à ce que la discussion reste centrée sur le sujet, et surtout, garantir que chaque idée est accueillie sans jugement. Le modérateur doit également veiller à ce que chaque participant ait l'opportunité de s'exprimer, évitant ainsi que quelques voix dominantes n'étouffent les autres.

Le déroulement de la séance

Une séance de brainstorming commence généralement par la présentation du problème ou du sujet à traiter. Une fois le sujet clairement défini, une période de réflexion silencieuse peut être instaurée, permettant à chaque participant de noter ses idées individuellement. Cette étape permet d'assurer que chacun ait le temps de réfléchir sans être influencé par les autres.

Ensuite, les participants partagent leurs idées, qui sont notées visuellement, que ce soit sur un tableau blanc, des post-it, ou tout autre support. L'important est que tout le monde puisse voir les idées émerger et s'accumuler.

Une fois toutes les idées présentées, elles peuvent être regroupées par thèmes ou catégories. C'est à ce moment que la discussion peut commencer, non pas pour juger, mais pour explorer, approfondir et éventuellement combiner des idées.

Après la séance

Une fois la séance terminée, le modérateur ou une personne désignée prendra la responsabilité de compiler et d'organiser toutes les idées. Ces idées seront ensuite évaluées plus en détail, souvent lors de réunions ultérieures où des critères plus spécifiques seront appliqués pour déterminer leur viabilité.

En conclusion

Le brainstorming est une technique puissante qui, lorsqu'elle est bien menée, peut débloquer des solutions innovantes et créatives à des problèmes complexes. Il ne s'agit pas seulement de générer des idées, mais de créer un environnement où la diversité des pensées est célébrée, où chaque voix est valorisée, et où les solutions les plus inattendues peuvent émerger. Dans le monde de l'entrepreneuriat, où l'innovation est la clé, maîtriser l'art du brainstorming est non seulement utile, mais essentiel.

Étude de marché et identification des niches rentables.

L'étude de marché est le phare qui guide l'entrepreneur à travers les eaux tumultueuses du monde des affaires. Elle éclaire les zones d'ombre, révèle les opportunités cachées et met en évidence les écueils potentiels. C'est une démarche essentielle pour quiconque souhaite lancer une entreprise avec succès. Dans cette section, nous allons explorer en profondeur comment réaliser une étude de marché qualitative et comment identifier des niches rentables.

1. Comprendre l'importance de l'étude de marché

Avant de plonger dans le vif du sujet, il est essentiel de comprendre pourquoi une étude de marché est cruciale. Elle vous permet de comprendre vos clients potentiels, d'identifier vos concurrents, de définir votre proposition de valeur unique et, en fin de compte, de minimiser les risques associés au lancement d'une nouvelle entreprise. Sans une étude de marché approfondie, vous naviguez à l'aveugle, vous basant uniquement sur des suppositions et des intuitions.

2. Définir clairement votre objectif

Chaque étude de marché commence par une question ou un ensemble de questions. Que voulez-vous savoir ? Peut-être voulez-vous comprendre les habitudes d'achat de votre public cible, ou peut-être voulez-vous évaluer la taille du marché pour un nouveau produit. En définissant clairement votre objectif dès le départ, vous pouvez orienter votre recherche de manière efficace.

3. Segmenter votre marché

Tout marché peut être divisé en segments plus petits ou sous-groupes basés sur divers critères tels que la démographie, la géographie, les comportements d'achat, etc. La segmentation vous permet de cibler vos efforts et de personnaliser vos offres pour répondre aux besoins spécifiques de chaque segment.

4. Choisissez votre méthode de recherche

Il existe de nombreuses méthodes pour collecter des données, mais pour une étude qualitative, les méthodes suivantes sont particulièrement pertinentes :

Entretiens individuels : Ils permettent d'obtenir des informations détaillées et approfondies. Vous pouvez poser des questions ouvertes et explorer en profondeur les réponses des participants.

Groupes de discussion : Ils rassemblent un petit groupe de personnes pour discuter d'un sujet spécifique. Cela permet d'obtenir une variété d'opinions et de perspectives en un temps relativement court.

Observation : Cette méthode implique d'observer les comportements réels des consommateurs, plutôt que de se fier à leurs déclarations. Par exemple, si vous envisagez d'ouvrir une boutique, vous pourriez passer du temps à observer comment les clients se comportent dans des boutiques similaires.

5. Collectez vos données

Avec votre méthode choisie, il est temps de commencer la collecte de données. Si vous menez des entretiens ou des groupes de discussion, assurez-vous d'avoir préparé un guide d'entretien. Cela vous aidera à vous assurer que la discussion reste centrée sur votre objectif de recherche.

6. Analysez vos résultats

Une fois vos données collectées, il est temps de les analyser. Recherchez des tendances, des schémas ou des thèmes récurrents. Par exemple, si vous avez interrogé des clients potentiels sur un nouveau produit, y a-t-il des caractéristiques particulières qu'ils ont mentionnées à plusieurs reprises ?

7. Identification des niches rentables

Une fois que vous avez une compréhension approfondie de votre marché, vous pouvez commencer à identifier des niches rentables. Une niche est un segment de marché plus petit et spécifique qui peut être négligé par les grandes entreprises.

Pour identifier des niches rentables, posez-vous les questions suivantes :

Y a-t-il des groupes de clients qui ont des besoins non satisfaits par les offres actuelles sur le marché ?

Y a-t-il des tendances émergentes sur le marché que vous pourriez exploiter ? Par exemple, la montée de l'alimentation saine et biologique a créé une niche pour les produits sans gluten ou végétaliens.

Y a-t-il des segments de marché qui sont négligés par les plus grandes entreprises ? Ces segments peuvent être trop petits pour attirer l'attention des grandes entreprises, mais ils peuvent être très rentables pour les petites entreprises.

8. Utilisation d'outils pour votre étude de marché

Il existe de nombreux outils disponibles pour aider à l'étude de marché. Voici quelques-uns des plus utiles :

- **Google Trends** : Cet outil gratuit vous permet de voir comment l'intérêt pour un terme de recherche particulier a évolué au fil du temps.
- **SEMrush et Ahrefs** : Bien qu'ils soient principalement utilisés pour l'analyse SEO, ils peuvent également fournir des informations précieuses sur les concurrents et les tendances du marché.
- **SurveyMonkey** : Un outil pour créer des enquêtes en ligne. Il peut être utilisé pour interroger directement votre public cible.
- **Statista** : Une base de données de statistiques sur une multitude de secteurs et de marchés.

Conclusion

L'étude de marché, loin d'être une simple formalité administrative, est le cœur battant de toute entreprise prospère. Elle est la boussole qui guide l'entrepreneur à travers le vaste océan des opportunités, vers des rivages encore inexplorés. Prenons l'exemple de Howard Schultz, l'homme derrière Starbucks. Avant de transformer une petite chaîne de cafés de Seattle en une marque mondiale, Schultz a voyagé en Italie où il a été inspiré par les espresso bars et a vu une opportunité de marché aux États-Unis. C'est cette vision, soutenue par une étude de marché rigoureuse, qui a donné naissance à l'empire Starbucks que nous connaissons aujourd'hui.

Chaque grande entreprise commence par une idée, mais c'est l'étude de marché qui donne vie à cette idée, qui la façonne, la teste et la prépare à affronter le monde réel. Elle est le prisme à travers lequel une vision devient une réalité tangible. Alors, à vous, futurs entrepreneurs, je dis ceci : plongez profondément dans l'étude de marché, car c'est là que réside le secret de la transformation d'une simple idée en une légende. Embrassez ce processus avec passion, curiosité et détermination, et vous serez bien équipé pour naviguer vers le succès.

Chapitre 3: Planification et Stratégie

Rédaction d'un plan d'affaires solide.

Un plan d'affaires n'est pas simplement un document; c'est le récit de votre vision, une carte qui guide votre entreprise vers le succès. Il sert à la fois de boussole interne pour votre équipe et de vitrine pour les investisseurs potentiels, les partenaires et les autres parties prenantes.

1. Importance du plan d'affaires

Un plan d'affaires bien rédigé est le fondement sur lequel votre entreprise est construite. Il vous aide à anticiper les défis, à allouer les ressources et à définir clairement votre proposition de valeur. Pensez à des entreprises comme Airbnb. Avant de devenir l'empire de la location de logements qu'il est aujourd'hui, ses fondateurs ont présenté un plan d'affaires détaillé qui a non seulement défini leur vision, mais a également convaincu les investisseurs de leur potentiel.

2. Éléments clés d'un plan d'affaires

- **Résumé exécutif** : C'est votre accroche. En quelques paragraphes, présentez votre entreprise, votre mission, votre vision et les raisons pour lesquelles vous réussirez.
- **Description de l'entreprise** : Qui êtes-vous ? Quel problème résolvez-vous ? Quelle est votre proposition de valeur unique ?
- **Analyse de marché** : Utilisez les données de votre étude de marché pour montrer que vous comprenez votre public cible, vos concurrents et votre positionnement.
- **Organisation et gestion** : Présentez votre équipe. Qui sont les personnes clés ? Quelles sont leurs compétences et expériences ?
- **Service ou produit** : Qu'offrez-vous ? Comment cela répond-il aux besoins du marché ? Quel est le cycle de vie du produit ?
- **Stratégie marketing et ventes** : Comment allez-vous attirer et retenir vos clients ? Quels sont vos canaux de distribution ?
- **Demande de financement** : Si vous cherchez des investisseurs, combien d'argent demandez-vous et comment allez-vous l'utiliser ?

- **Projections financières** : Montrez que vous avez une compréhension solide de vos finances. Présentez des prévisions pour les trois à cinq prochaines années.

3. Outils et ressources pour la rédaction

LivePlan et **Bplan** sont d'excellents outils en ligne qui vous guident à travers chaque étape de la rédaction de votre plan d'affaires, avec des modèles et des exemples pour vous aider.

SCORE est une organisation à but non lucratif qui offre des ateliers et des mentors pour aider les entrepreneurs à rédiger leurs plans d'affaires.

Fixer des objectifs clairs et mesurables.

La fixation d'objectifs est le processus qui transforme la vision en réalité. Sans objectifs clairs, une entreprise peut se disperser, perdre son focus et finalement s'égarer.

1. La méthode SMART

L'un des moyens les plus efficaces de fixer des objectifs est d'utiliser la méthode SMART. Chaque objectif doit être :

- **Spécifique** : Détaillez précisément ce que vous voulez accomplir.
- **Mesurable** : Assurez-vous que vous pouvez mesurer vos progrès.
- **Atteignable** : L'objectif doit être réaliste.
- **Relevant** : Il doit être pertinent pour votre entreprise.
- **Temporel** : Fixez une échéance pour atteindre cet objectif.

2. Exemple d'objectif SMART

Plutôt que de dire : "Je veux augmenter les ventes", un objectif SMART serait : "Je veux augmenter les ventes de notre produit phare de 20% au cours du prochain trimestre."

3. Suivi et évaluation

Une fois vos objectifs fixés, il est crucial de suivre régulièrement vos progrès. Utilisez des outils comme Trello ou Asana pour suivre les tâches et les échéances. Organisez des réunions régulières avec votre équipe pour évaluer les progrès et ajuster la stratégie si nécessaire.

4. Célébrez les succès

Lorsque vous atteignez un objectif, prenez le temps de célébrer. Cela renforce la culture positive de l'entreprise, motive l'équipe et vous rappelle pourquoi vous avez commencé ce voyage entrepreneurial.

Conclusion

La planification et la stratégie sont les piliers sur lesquels repose le succès entrepreneurial. Avec un plan d'affaires solide et des objectifs clairs, vous avez une feuille de route pour guider votre entreprise vers le succès. Mais rappelez-vous, la clé n'est pas seulement de planifier, mais aussi d'agir. Comme l'a si bien dit Antoine de Saint-Exupéry : "Un objectif sans plan est juste un souhait". Transformez vos souhaits en réalité avec une planification et une stratégie rigoureuses.

Chapitre 4: Aspects Juridiques et Financiers

Naviguer dans le labyrinthe des aspects juridiques et financiers peut sembler une tâche ardue pour le nouvel entrepreneur. Cependant, une compréhension solide de ces éléments est essentielle pour assurer la pérennité et la croissance de votre entreprise. Dans ce chapitre, nous allons décomposer ces éléments complexes en étapes gérables, éclairées par des exemples concrets.

Choisir la bonne structure juridique.

La structure juridique que vous choisissez pour votre entreprise déterminera de nombreux aspects, allant de la manière dont vous payez vos impôts à votre niveau de responsabilité personnelle en cas de dettes ou de litiges.

1. Les différentes structures juridiques

Entreprise individuelle : C'est la forme la plus simple. Vous êtes l'unique propriétaire et responsable de toutes les dettes. Steve Jobs, lorsqu'il a commencé à assembler des ordinateurs dans son garage, opérait essentiellement comme une entreprise individuelle.

Société en nom collectif : Deux ou plusieurs personnes exploitent une entreprise en tant que coentrepreneurs. Larry Page et Sergey Brin, les fondateurs de Google, auraient pu commencer ainsi avant de devenir une corporation.

Société à responsabilité limitée (SARL) : Elle combine les caractéristiques des entreprises individuelles et des sociétés. Les membres ne sont généralement pas personnellement responsables des dettes de la société.

Société anonyme : C'est une entité distincte avec ses propres droits et responsabilités. Les actionnaires ne sont pas personnellement responsables des dettes de la société.

2. Comment choisir ?

Votre choix dépendra de nombreux facteurs, notamment la nature de votre entreprise, le niveau de responsabilité que vous êtes prêt à assumer et vos objectifs financiers. Consulter un avocat ou un expert-comptable peut vous aider à prendre une décision éclairée.

Gestion financière et budgétisation.

La gestion financière est l'art et la science de gérer l'argent de votre entreprise. Une gestion financière solide peut être la différence entre le succès et l'échec.

1. Importance de la budgétisation

La budgétisation, souvent perçue comme une simple liste de chiffres, est en réalité l'une des pierres angulaires de toute entreprise prospère. Elle représente bien plus que de simples prévisions financières; elle est le reflet de la vision, des ambitions et des priorités d'une entreprise.

Prévision des besoins financiers

Chaque entreprise, qu'elle soit en phase de démarrage ou bien établie, a des besoins financiers. Ces besoins peuvent varier, allant de l'achat d'équipements, au recrutement de personnel, en passant par les dépenses marketing. Une budgétisation efficace vous permet de cartographier ces besoins à l'avance. Elle vous donne une vision claire de ce à quoi vous attendre, vous permettant ainsi d'anticiper les périodes de flux de trésorerie tendus et de planifier en conséquence.

Surveillance des dépenses

Dans le tumulte quotidien de la gestion d'une entreprise, il est facile de perdre de vue où va exactement votre argent. Sans une budgétisation rigoureuse, vous pourriez vous retrouver à dépenser plus que nécessaire dans certaines zones tout en négligeant d'autres domaines cruciaux. Une budgétisation efficace agit comme un phare, vous guidant à travers vos dépenses, vous assurant que chaque centime est dépensé judicieusement et en alignement avec vos objectifs stratégiques.

Assurance de la liquidité

L'une des principales raisons pour lesquelles les entreprises échouent, en particulier dans leurs premières années, est le manque de liquidités. Même si une entreprise est rentable sur le papier, elle peut encore faire faillite si elle n'a pas assez d'argent pour couvrir ses dépenses courantes. Une budgétisation rigoureuse vous permet de voir quand ces goulots d'étranglement de trésorerie pourraient survenir, vous donnant ainsi le temps de prendre des mesures, que ce soit en recherchant un financement externe, en renégociant les termes avec les fournisseurs ou en ajustant d'autres dépenses.

Alignement stratégique

La budgétisation n'est pas seulement une question de chiffres; elle est intrinsèquement liée à la stratégie de votre entreprise. En allouant des fonds à différents départements ou projets, vous indiquez ce qui est prioritaire pour votre entreprise. Cela garantit que tous les membres de votre équipe sont alignés et travaillent vers les mêmes objectifs.

Conclusion

La budgétisation est un exercice qui exige du temps, de la réflexion et de la rigueur. Cependant, les avantages qu'elle offre en termes de clarté financière, d'alignement stratégique et de préparation aux défis futurs sont inestimables. Elle est le garde-fou qui protège votre entreprise des imprévus financiers et le guide qui assure que chaque décision financière soutient votre vision globale.

2. Outils de budgétisation

Dans l'ère numérique actuelle, les entrepreneurs ont accès à une multitude d'outils pour faciliter et optimiser la budgétisation. Ces outils, allant des logiciels de comptabilité aux applications dédiées, peuvent transformer la manière dont vous abordez vos finances. Examinons de plus près certains des outils les plus populaires et efficaces disponibles sur le marché.

QuickBooks :

Description : QuickBooks, développé par Intuit, est l'un des logiciels de comptabilité les plus reconnus au monde. Il est conçu pour répondre aux besoins des petites et moyennes entreprises.

Caractéristiques principales :
- **Interface intuitive** : QuickBooks offre une interface utilisateur conviviale qui facilite la saisie et le suivi des transactions.

- **Rapports financiers** : Générez des rapports détaillés, tels que les bilans, les comptes de résultat et les flux de trésorerie, en quelques clics.
- **Intégrations** : Il peut être intégré à une multitude d'autres applications, comme les systèmes de point de vente, les plateformes e-commerce et les outils de gestion de la paie.
- **Accès mobile** : Avec l'application mobile, vous pouvez gérer vos finances en déplacement.

Microsoft Excel :

Description : Excel, partie intégrante de la suite Microsoft Office, est un logiciel de tableur largement utilisé dans le monde des affaires.

Caractéristiques principales :
- **Flexibilité** : Excel offre une flexibilité inégalée, permettant aux utilisateurs de créer des modèles budgétaires adaptés à leurs besoins spécifiques.
- **Formules avancées** : Avec une gamme de formules, vous pouvez automatiser les calculs, des plus simples aux plus complexes.
- **Graphiques et visualisations** : Transformez vos données en graphiques informatifs pour une meilleure analyse et présentation.
- **Macros** : Pour les utilisateurs avancés, les macros peuvent automatiser des tâches répétitives, rendant le processus de budgétisation encore plus efficace.

YNAB (You Need A Budget) :

Description : YNAB est une application de budgétisation axée sur la philosophie de donner à chaque dollar une mission.

Caractéristiques principales :

- **Approche proactive** : YNAB encourage les utilisateurs à planifier leurs dépenses avant de les engager, garantissant ainsi qu'ils vivent selon leurs moyens.
- **Synchronisation bancaire** : Connectez vos comptes bancaires pour une mise à jour en temps réel de vos transactions.
- **Objectifs financiers** : Définissez des objectifs financiers dans l'application, qu'il s'agisse d'économiser pour un achat important ou de rembourser une dette.
- **Ressources éducatives** : YNAB offre une multitude de webinaires, de tutoriels et d'articles pour aider les utilisateurs à maîtriser la budgétisation.

Conclusion

La budgétisation, bien que cruciale, peut souvent sembler une tâche ardue. Cependant, avec les bons outils à votre disposition, elle devient non seulement plus facile mais aussi plus précise. En investissant du temps pour comprendre et maîtriser ces outils, vous positionnez votre entreprise pour une meilleure santé financière et une croissance soutenue.

3. L'art de la budgétisation efficace

La budgétisation, bien que souvent perçue comme une simple liste de chiffres, est en réalité un processus dynamique et évolutif. Elle nécessite une attention constante, une révision régulière et une vision tournée vers l'avenir. Pour comprendre l'importance de ces principes, plongeons-nous dans l'histoire d'une entreprise qui a brillamment navigué dans les eaux tumultueuses de la finance grâce à une budgétisation stratégique.

Revoyez régulièrement : L'adaptabilité est la clé

Les marchés sont en constante évolution, influencés par une multitude de facteurs allant des avancées technologiques aux changements politiques. De même, votre entreprise, même si elle est petite, est un organisme vivant, confronté à des défis et des opportunités changeants.

Prenons l'exemple d'Apple. Dans les années 90, l'entreprise était au bord de la faillite. Cependant, sous la direction de Steve Jobs, Apple a non seulement revu son budget, mais a également réaligné ses priorités, en mettant l'accent sur l'innovation et la simplification de sa gamme de produits. Cette révision budgétaire a permis de dégager des fonds pour le développement de produits emblématiques comme l'iPod, jetant les bases de la renaissance d'Apple.

Ce que nous pouvons apprendre d'Apple, c'est que peu importe la taille de votre entreprise, il est crucial de revoir régulièrement votre budget. Cela vous permet de vous adapter aux changements, d'identifier de nouvelles opportunités et de rectifier le tir si nécessaire.

Planifiez pour l'avenir : La vision à long terme

La budgétisation ne concerne pas seulement le présent. Elle est votre carte routière financière, vous guidant à travers les défis et opportunités futurs. Chaque décision budgétaire que vous prenez aujourd'hui aura des répercussions sur votre entreprise demain.

Elon Musk, le visionnaire derrière Tesla et SpaceX, est un maître de la planification à long terme. Lorsqu'il a lancé SpaceX, il avait une vision claire : réduire le coût des voyages spatiaux. Pour ce faire, il a budgétisé des investissements massifs dans la recherche et le développement, même si cela signifiait des années sans profit.

Aujourd'hui, SpaceX est à la pointe de l'industrie spatiale, en grande partie grâce à cette vision à long terme.

Pour les entrepreneurs, la leçon est claire : n'oubliez pas de tenir compte des dépenses futures, qu'il s'agisse d'investissements en capital, de recherche et développement, ou de coûts opérationnels. Une vision à long terme, soutenue par une budgétisation stratégique, peut propulser votre entreprise vers des sommets inimaginables.

Conclusion

La budgétisation est bien plus qu'un exercice financier. C'est un acte de vision, de prévoyance et d'adaptabilité. En adoptant une approche proactive, en étant prêt à revoir et à ajuster, et en gardant toujours un œil sur l'horizon, vous positionnez votre entreprise non seulement pour survivre, mais pour prospérer dans le paysage commercial en constante évolution.

Comprendre les impôts et les déductions pour les entreprises à domicile.

Comprendre les impôts et les déductions pour les entreprises à domicile peut sembler complexe, mais c'est une étape essentielle pour maximiser vos économies et garantir la conformité fiscale. Dans cette partie, nous allons vous guider à travers ce processus crucial en fournissant des détails approfondis, des exemples concrets et des ressources utiles pour vous aider à naviguer avec succès dans le monde des impôts et des déductions pour les entreprises à domicile.

1. Déterminez votre statut d'entreprise :

Avant de plonger dans le monde des impôts et des déductions, il est important de déterminer votre statut d'entreprise. En général, il existe trois principaux statuts pour les entreprises à domicile : l'entreprise individuelle, la société à responsabilité limitée (SARL) et la société par actions simplifiée (SAS). Chacun de ces statuts a des implications fiscales différentes. Pour prendre une décision éclairée, vous pouvez utiliser l'outil en ligne du gouvernement français dédié aux statuts juridiques des entreprises [1].

2. Connaître les taxes applicables :

En France, les principales taxes auxquelles les entreprises à domicile sont assujetties sont la TVA (Taxe sur la Valeur Ajoutée) et la CFE (Cotisation Foncière des Entreprises). La TVA peut être déduite sur certains achats professionnels, tandis que la CFE est basée sur la valeur locative des biens immobiliers utilisés pour l'activité. Utilisez le site officiel des impôts [2] pour comprendre en détail ces taxes et déterminer si elles s'appliquent à votre entreprise.

3. Maximisez vos déductions :

Les déductions fiscales sont essentielles pour réduire votre fardeau fiscal. En tant qu'entreprise à domicile, vous pouvez déduire des dépenses telles que le loyer, les services publics, le matériel de bureau, les frais de déplacement professionnels et même une partie de vos frais de logement si vous utilisez une partie de votre maison à des fins professionnelles. Pour calculer vos déductions, utilisez un outil de calcul de déduction fiscale en ligne, tel que celui proposé par Bercy Infos [3].

4. Conservez des enregistrements précis :

La clé pour bénéficier pleinement des déductions fiscales est de maintenir des enregistrements précis de toutes vos transactions et dépenses professionnelles. Utilisez des logiciels de comptabilité en ligne comme QuickBooks [4] ou Wave [5] pour simplifier ce processus.

5. Faites appel à un expert-comptable :

Si la fiscalité vous semble encore complexe malgré ces ressources, envisagez de faire appel à un expert-comptable spécialisé dans les entreprises à domicile. Ils peuvent vous aider à optimiser votre situation fiscale tout en vous assurant de respecter toutes les réglementations.

En résumé, comprendre les impôts et les déductions pour les entreprises à domicile peut sembler intimidant, mais avec les bonnes ressources et une planification adéquate, vous pouvez non seulement réduire votre fardeau fiscal, mais aussi stimuler la croissance de votre entreprise. Prenez le temps d'explorer les liens et les outils que nous avons partagés pour commencer votre voyage vers une gestion fiscale efficace et fructueuse.

Sources :
1. Statuts juridiques des entreprises - https://www.guichet-entreprises.fr/
2. Impôts en France - https://www.impots.gouv.fr/
3. Calcul de déduction fiscale - https://www.economie.gouv.fr/cedef/calcul-deduction-fiscale
4. QuickBooks - https://www.quickbooks.fr/
5. Wave - https://www.waveapps.com/fr/

Chapitre 5: Aménagement de l'Espace de Travail

Lorsque vous décidez de lancer votre entreprise à domicile, un aspect essentiel de votre succès réside dans la création d'un espace de travail productif. Votre environnement de travail joue un rôle fondamental dans votre efficacité, votre motivation et votre capacité à réaliser vos objectifs professionnels. Dans ce chapitre, nous allons explorer les stratégies et les éléments clés pour aménager un espace de travail propice à la réussite, ainsi que les équipements et les outils essentiels pour maximiser votre productivité.

Créer un Espace de Travail Productif

L'Importance de l'Environnement de Travail
Imaginez un entrepreneur à domicile qui travaille dans un espace désorganisé, mal éclairé et bruyant. Cela ne ressemble pas à un environnement propice à la concentration et à la créativité, n'est-ce pas ? Votre espace de travail a un impact significatif sur votre bien-être et votre efficacité.

Exemple inspirant :

Prenons l'exemple de Steve Jobs, le cofondateur d'Apple. Il était connu pour sa quête de la perfection en ce qui concerne les espaces de travail d'Apple. Jobs a déclaré un jour : "Le design n'est pas seulement à quoi ça ressemble ou à quoi ça se sent. Le design, c'est comment ça fonctionne." Il a conçu les bureaux d'Apple pour favoriser la collaboration, la créativité et la concentration, ce qui a contribué au succès durable de l'entreprise.

Choisissez le Bon Emplacement

L'emplacement de votre espace de travail est crucial. Il devrait être situé dans une zone relativement calme de votre maison, loin des distractions potentielles. Assurez-vous que vous pouvez travailler en paix, sans être constamment interrompu par le bruit du ménage ou d'autres activités domestiques.

Éclairage et Confort

Un éclairage adéquat est essentiel pour éviter la fatigue oculaire et maintenir votre concentration. Installez des lampes de bureau de qualité pour un éclairage optimal. Investissez également dans une chaise ergonomique et un bureau approprié pour prévenir les problèmes de posture.

Équipement et Outils Essentiels

Ordinateur et Logiciels

Votre ordinateur est l'outil principal de votre entreprise à domicile. Optez pour un modèle fiable et performant qui répond à vos besoins professionnels. Assurez-vous d'avoir les logiciels nécessaires pour votre activité, tels que la suite Microsoft Office ou des outils de conception graphique si vous en avez besoin.

Connexion Internet Rapide

Une connexion Internet rapide est cruciale pour les entrepreneurs à domicile, surtout si vous travaillez en ligne ou avez besoin de télécharger des fichiers volumineux. Investissez dans une connexion à haut débit pour éviter les retards et les interruptions.

Imprimante et Scanner

Même à l'ère du numérique, une imprimante et un scanner de qualité peuvent être essentiels. Vous pourriez avoir besoin d'imprimer des documents importants ou de numériser des contrats.

Gestion de Fichiers et de Données

Utilisez des logiciels de gestion de fichiers et de données pour organiser vos documents professionnels. Des outils tels que Dropbox, Google Drive ou Evernote peuvent vous aider à garder une trace de tout de manière sécurisée.

Conclusion

La création d'un espace de travail productif est un investissement dans votre succès en tant qu'entrepreneur à domicile. Un environnement bien conçu favorise la concentration, la créativité et la productivité. N'oubliez pas de personnaliser votre espace pour qu'il vous inspire et vous motive chaque jour. Avec le bon équipement et les outils essentiels, vous êtes prêt à relever les défis passionnants de la gestion de votre entreprise depuis chez vous.

Dans le prochain chapitre, nous aborderons la construction d'une marque solide pour votre entreprise à domicile, ainsi que les stratégies de marketing digital qui vous aideront à atteindre votre public cible et à faire croître votre entreprise de manière significative. Restez inspiré et engagé dans votre voyage entrepreneurial.

Chapitre 6: Marketing et Branding

Construire une marque forte.

La construction d'une marque forte est une étape cruciale dans la création et le développement de votre entreprise à domicile. Votre marque est bien plus qu'un simple nom ou un logo ; c'est l'essence même de ce que représente votre entreprise. C'est l'image, la personnalité et la réputation que vous projetez auprès de votre public. Dans ce chapitre, nous allons plonger profondément dans le monde captivant de la création d'une marque solide et influente, en nous appuyant sur des exemples inspirants.

L'Anatomie d'une Marque Puissante

La Valeur de la Marque

Une marque forte est une ressource précieuse qui peut vous aider à atteindre vos objectifs commerciaux et à forger des liens durables avec vos clients. Elle évoque des émotions, des associations positives et une fidélité inébranlable. Une marque efficace incarne non seulement ce que vous vendez, mais aussi pourquoi vous le vendez, ce qui la rend profondément authentique.

Prenons l'exemple de Tesla, le fabricant de voitures électriques. Leur marque est intrinsèquement liée à l'innovation, à la durabilité et à la révolution de l'industrie automobile. Chaque aspect de leur identité de marque, de leur logo épuré à leur vision de construire un avenir sans émissions, renforce leur position unique sur le marché.

Consistance et Cohérence

La cohérence est la clé pour bâtir une marque forte. Votre identité de marque doit être uniforme dans tous les aspects de votre entreprise, de la communication visuelle aux messages marketing. Cela crée une expérience cohérente pour vos clients, renforçant ainsi leur confiance envers votre entreprise.

L'Établissement d'une Connexion Émotionnelle

Une marque puissante établit une connexion émotionnelle avec son public. Elle raconte une histoire, suscite des émotions et crée un sentiment d'appartenance. Lorsque les clients se sentent connectés émotionnellement à votre marque, ils sont plus enclins à la choisir parmi la concurrence.

Exemples de Marques Fortes

Apple : L'Excellence en Design et Innovation

Apple est l'un des exemples les plus emblématiques de la puissance d'une marque. Leur engagement envers l'excellence en design et innovation est inégalé. Chaque produit Apple, de l'iPhone au MacBook, incarne une esthétique impeccable et une fonctionnalité révolutionnaire. Leurs magasins de détail, avec leur architecture minimaliste et leur service client exceptionnel, créent une expérience unique pour leurs clients.

Starbucks : La Communauté du Café

Starbucks a réussi à créer une véritable communauté mondiale autour de leur marque. Plus qu'un simple café, Starbucks représente une expérience. Leur logo vert reconnaissable et leur ambiance chaleureuse invitent les clients à se détendre et à socialiser. Leurs noms de produits uniques, tels que le

"Frappuccino" et le "Macchiato," ajoutent une touche personnelle à chaque visite.

Nike : L'Inspiration Athlétique

Nike incarne l'esprit de l'athlète en chacun de nous. Leur logo emblématique, le "Swoosh," est synonyme d'effort, de détermination et de succès. Ils ont construit leur marque en s'associant à des athlètes de renommée mondiale et en racontant des histoires inspirantes d'accomplissement personnel à travers leur slogan "Just Do It."

Conclusion

La création d'une marque forte est une entreprise qui demande du temps, de la réflexion et de la cohérence. Votre marque doit raconter votre histoire, évoquer des émotions et forger une connexion profonde avec votre public. Elle est l'âme de votre entreprise à domicile. En vous inspirant des exemples de marques emblématiques comme Apple, Starbucks et Nike, vous pouvez commencer à bâtir une marque puissante qui fera briller votre entreprise dans le monde entier.

Stratégies de marketing digital pour votre entreprise à domicile.

Dans le monde moderne, le marketing digital est un élément essentiel de toute entreprise prospère. Que vous vendiez des produits, des services ou des idées depuis votre domicile, le marketing digital offre un vaste terrain pour attirer, engager et fidéliser votre public cible. Dans ce chapitre, nous explorerons les stratégies de marketing digital qui vous permettront de maximiser votre visibilité et de propulser votre entreprise à domicile vers le succès.

Créez un Site Web Convaincant

Le Cœur de Votre Présence en Ligne

Un site web bien conçu est la pierre angulaire de votre présence en ligne. C'est votre vitrine virtuelle, votre moyen de communication avec le monde. Assurez-vous que votre site web est :

Convaincant : Capturez l'attention de vos visiteurs dès la première seconde avec un design attrayant et une proposition de valeur claire.
Convivial : Assurez-vous que votre site est facile à naviguer et à comprendre, tant sur ordinateur que sur mobile.
Informatif : Fournissez des informations détaillées sur vos produits ou services, des témoignages de clients et des moyens de vous contacter.

L'Exemple d'Amazon

Amazon est un excellent exemple d'un site web convaincant. Leur page d'accueil simple, mais efficace, présente immédiatement des offres et des recommandations de produits basées sur le comportement d'achat précédent. Leur navigation intuitive et leurs descriptions de produits détaillées facilitent la recherche et l'achat pour les clients.

Le Pouvoir des Réseaux Sociaux

Créez et Engagez une Communauté

Les médias sociaux sont un moyen puissant de créer et d'engager une communauté autour de votre entreprise. Identifiez les plateformes sociales les plus pertinentes pour votre public cible, puis utilisez-les pour partager du contenu utile, inspirant et en accord avec votre marque. Répondez aux commentaires, posez des questions et interagissez avec vos abonnés pour renforcer les liens.

Gary Vaynerchuk, un entrepreneur à domicile, a bâti une communauté mondiale sur les réseaux sociaux en partageant des conseils, des histoires inspirantes et des vidéos authentiques. Son engagement envers ses abonnés lui a permis de créer une marque personnelle puissante.

Publicité en Ligne

Ciblage Précis et Mesurable

La publicité en ligne offre la possibilité de cibler spécifiquement votre public, ce qui vous permet de maximiser votre budget publicitaire. Les plateformes telles que Google Ads et les publicités sur les réseaux sociaux vous permettent de choisir des critères de ciblage précis, tels que la localisation, l'âge et les intérêts de votre public.

Exemple :

La campagne "Share a Coke" de Coca-Cola est un exemple mémorable de publicité en ligne réussie. En personnalisant les canettes de Coca-Cola avec des prénoms populaires, la marque a encouragé les consommateurs à partager leurs expériences avec le produit sur les médias sociaux, créant ainsi un buzz mondial.

Analyse et Optimisation

Mesurez Vos Résultats

L'un des avantages du marketing digital est la possibilité de mesurer précisément vos résultats. Utilisez des outils d'analyse tels que Google Analytics pour suivre le trafic sur votre site web, les taux de conversion et d'autres indicateurs clés de performance. Utilisez ces données pour ajuster vos stratégies et améliorer vos résultats.

Conclusion

Le marketing digital est une ressource puissante à la disposition de votre entreprise à domicile. En créant un site web convaincant, en utilisant les médias sociaux pour créer une communauté engagée, en investissant dans la publicité en ligne ciblée et en mesurant vos résultats, vous pouvez augmenter considérablement votre visibilité et votre succès commercial. Continuez à explorer de nouvelles stratégies et à vous adapter aux besoins changeants de votre public pour prospérer dans l'ère numérique.

Dans le prochain chapitre, nous explorerons la gestion des ventes et des clients, en vous guidant à travers la création d'un processus de vente efficace et en mettant l'accent sur le service client et la fidélisation. Continuez à investir dans votre développement entrepreneurial et à poursuivre votre quête de succès.

Chapitre 7: Gestion des Ventes et des Clients

La gestion des ventes et des clients est l'épine dorsale de votre entreprise à domicile. Dans ce chapitre, nous explorerons en profondeur les aspects essentiels de la création d'un processus de vente efficace, ainsi que l'importance du service client et de la fidélisation. Ces éléments sont cruciaux pour la croissance de votre entreprise, car ils façonnent votre réputation, renforcent la confiance de vos clients et stimulent la croissance à long terme.

Lorsque vous combinez un processus de vente bien huilé avec un service client exceptionnel, vous créez une formule gagnante qui vous permettra de prospérer dans le monde concurrentiel de l'entrepreneuriat à domicile. Préparez-vous à découvrir des stratégies, des tactiques et des pratiques exemplaires qui vous aideront à transformer les prospects en clients fidèles, à satisfaire leurs besoins et à bâtir une entreprise solide et prospère.

Créer un processus de vente efficace.

La création d'un processus de vente efficace est la pierre angulaire de la croissance de votre entreprise à domicile. Un processus bien défini vous permet de guider vos prospects tout au long du parcours d'achat, de susciter leur intérêt, de répondre à leurs besoins et de conclure des ventes fructueuses. Dans ce chapitre, nous plongerons dans les éléments clés pour élaborer un processus de vente puissant qui vous aidera à atteindre vos objectifs commerciaux.

Comprendre le Parcours du Client

L'Importance de la Compréhension

Pour créer un processus de vente efficace, il est essentiel de comprendre le parcours du client. Chaque client passe par différentes étapes, de la découverte de votre entreprise à l'achat final. Ces étapes peuvent varier en fonction de votre industrie, mais elles incluent généralement :

1. **La sensibilisation** : Le client prend conscience de votre entreprise et de ce que vous offrez.
2. **L'intérêt** : Le client montre un intérêt pour vos produits ou services.
3. **L'évaluation** : Le client examine les avantages de votre offre par rapport à d'autres options.
4. **La décision** : Le client prend la décision d'acheter.
5. **L'achat** : Le client effectue l'achat.

Créer du Contenu Persuasif

Pour guider les clients à travers ces étapes, créez du contenu persuasif à chaque étape du parcours. Cela peut inclure des articles de blog informatifs, des vidéos explicatives, des témoignages clients et des appels à l'action clairs pour encourager l'achat.

Exemple :

L'entreprise de livraison de repas à domicile, HelloFresh, utilise un processus de vente efficace en créant du contenu pertinent à chaque étape. Ils attirent d'abord l'attention avec des recettes alléchantes sur les réseaux sociaux (sensibilisation), puis fournissent des informations détaillées sur leurs services sur leur site web (intérêt et évaluation). Le processus se termine par une incitation à l'achat, offrant aux clients une expérience de repas pratique et délicieuse.

La Communication Persuasive

L'Art de la Communication

La communication persuasive est au cœur du processus de vente. Pour convaincre les clients de choisir votre entreprise, vous devez maîtriser l'art de la persuasion. Cela implique de comprendre les besoins et les désirs de vos clients, d'écouter activement et de répondre de manière adaptée.

Techniques de Vente

Plusieurs techniques de vente peuvent être efficaces, notamment :

1. **La vente consultative** : Comprenez les besoins du client et proposez des solutions adaptées.
2. **La vente par storytelling** : Utilisez des histoires pour créer une connexion émotionnelle avec le client.
3. **La vente de solutions** : Présentez votre offre comme la solution à un problème spécifique du client.
4. **La vente de valeur** : Mettez en avant la valeur et les avantages uniques de votre offre.

Suivi et Amélioration

L'Optimisation Continue

Un processus de vente efficace est un travail en constante évolution. Suivez vos performances, mesurez vos résultats et identifiez les points faibles de votre processus. Utilisez ces informations pour apporter des améliorations continues.

L'Automatisation des Ventes

L'automatisation des ventes peut également être un outil précieux. Les systèmes CRM (Customer Relationship Management) vous permettent de suivre les interactions avec les clients, de personnaliser les communications et de gagner du temps en automatisant certaines tâches.

Conclusion

La création d'un processus de vente efficace est un investissement essentiel pour le succès de votre entreprise à domicile. Comprenez le parcours du client, créez du contenu persuasif, maîtrisez l'art de la communication persuasive et suivez vos performances. En continuant à affiner votre processus de vente, vous renforcerez la confiance de vos clients, augmenterez vos ventes et contribuerez à la croissance durable de votre entreprise. Le succès dans la gestion des ventes est à la portée de tous ceux qui sont prêts à apprendre et à s'adapter. Continuez à investir dans vos compétences de vente et à vous perfectionner pour exceller dans votre entreprise à domicile.

Service client et fidélisation.

La gestion du service client et la fidélisation sont des piliers essentiels de votre entreprise à domicile. Un service client exceptionnel et la création de relations durables avec vos clients existants sont des éléments clés pour favoriser la croissance à long terme de votre entreprise. Dans ce chapitre, nous plongerons profondément dans les pratiques exemplaires du service client, de la fidélisation et de la création de clients ambassadeurs.

L'Importance du Service Client

La Fondation de la Confiance

Le service client va au-delà de simplement répondre aux questions et aux problèmes des clients. C'est la fondation de la confiance. Les clients qui se sentent valorisés et bien pris en charge sont plus susceptibles de rester fidèles à votre entreprise et de la recommander à d'autres.

Répondre aux Besoins du Client

Le service client consiste à répondre aux besoins du client de manière rapide et efficace. Cela signifie être attentif aux requêtes, aux préoccupations et aux suggestions des clients, et à y répondre de manière proactive.

Exemple :

Amazon est connu pour son service client exceptionnel. Ils offrent une expérience d'achat sans tracas, avec des options de retour faciles et un service client disponible 24 heures sur 24. Cette approche a contribué à faire d'Amazon l'une des entreprises les plus prospères au monde.

Création de Clients Fidèles

Les Avantages de la Fidélisation

La fidélisation des clients est un investissement précieux. Les clients fidèles non seulement continuent d'acheter chez vous, mais ils sont également plus susceptibles d'acheter davantage et de recommander votre entreprise à d'autres. Cela peut réduire vos coûts d'acquisition de clients et augmenter votre chiffre d'affaires.

Programme de Fidélité

Un programme de fidélité bien conçu peut être un outil puissant. Offrez des récompenses, des remises ou des avantages spéciaux à vos clients fidèles pour les encourager à revenir. Assurez-vous que votre programme est transparent et facile à comprendre.

Création de Clients Ambassadeurs

Transformez Vos Clients en Ambassadeurs

Les clients les plus fidèles peuvent devenir des ambassadeurs de votre marque. Ils partagent leur expérience positive avec d'autres, ce qui peut générer de nouvelles affaires. Encouragez vos clients à partager leur expérience sur les médias sociaux, à laisser des avis positifs et à vous recommander à leurs amis et à leur famille.

La Puissance du Bouche-à-Oreille

Le bouche-à-oreille est l'une des formes les plus puissantes de marketing. Lorsque vos clients satisfaits recommandent votre entreprise, cela crée une confiance instantanée chez les nouveaux clients potentiels. Investissez dans la création de relations solides avec vos clients pour favoriser ce phénomène.

Suivi et Amélioration

L'Évolution du Service Client

Le service client évolue constamment. Écoutez les commentaires de vos clients, mesurez votre satisfaction client et identifiez les domaines à améliorer. Soyez ouvert aux changements pour offrir un service client encore meilleur à l'avenir.

Conclusion

La gestion du service client et la fidélisation sont des éléments clés de la croissance durable de votre entreprise à domicile. Offrez un service client exceptionnel, créez des clients fidèles et transformez-les en ambassadeurs de votre marque. En continuant à investir dans ces domaines, vous renforcerez la confiance de vos clients, augmenterez la fidélité à votre marque et stimulerez la croissance à long terme. Le service client de qualité et la fidélisation ne sont pas seulement des objectifs, ce sont des investissements dans le succès continu de votre entreprise. Continuez à apprendre, à évoluer et à servir vos clients avec excellence.

Chapitre 8: Gestion du Temps et Productivité

La gestion du temps et la productivité sont des compétences essentielles pour tout entrepreneur à domicile. Dans ce chapitre, nous explorerons comment équilibrer votre vie professionnelle et personnelle tout en optimisant votre efficacité. Vous découvrirez des outils et des techniques puissants pour vous aider à maximiser votre temps, à accomplir davantage et à atteindre vos objectifs entrepreneuriaux tout en préservant votre bien-être.

La gestion du temps et la productivité sont des atouts précieux qui vous permettront de faire face aux défis de l'entrepreneuriat à domicile avec confiance et succès. En investissant dans ces compétences, vous aurez la capacité de réaliser plus en moins de temps, de réduire le stress et d'améliorer votre qualité de vie.

Préparez-vous à découvrir des stratégies pratiques qui transformeront votre manière de travailler et vous aideront à prospérer dans votre entreprise à domicile.

Équilibrer vie professionnelle et vie personnelle.

L'équilibre entre vie professionnelle et vie personnelle est un défi majeur pour les entrepreneurs à domicile. En jonglant avec les responsabilités professionnelles et les exigences de la vie personnelle, il est facile de se sentir dépassé. Cependant, il est crucial de trouver un équilibre qui vous permette de réussir dans les deux domaines sans compromettre votre bien-être. Dans cette section, nous explorerons des stratégies et des conseils pour harmoniser ces deux aspects de votre vie.

L'Importance de l'Équilibre

La Clé du Bien-Être

L'équilibre entre vie professionnelle et vie personnelle est essentiel pour votre bien-être global. Trop de travail peut entraîner le burn-out, le stress et l'épuisement, tandis que négliger votre entreprise peut compromettre votre succès. Trouver un équilibre approprié vous permet de prospérer à la fois sur le plan professionnel et personnel.

Établir des Limites

La Puissance des Limites

Établir des limites claires est crucial pour maintenir un équilibre sain. Fixez des heures de travail définies et respectez-les. Informez votre entourage de ces heures pour éviter les interruptions non urgentes pendant votre temps de travail.

Exemple:

Bill Gates, le co-fondateur de Microsoft, est connu pour son engagement envers l'équilibre entre travail et vie personnelle. Il prend du temps chaque année pour des retraites solitaires, où il se déconnecte du travail pour réfléchir, lire et se ressourcer.

Priorisation et Gestion du Temps

L'Art de la Priorisation

La priorisation est la clé de l'efficacité. Identifiez les tâches les plus importantes et concentrez-vous sur celles-ci. Utilisez des outils de gestion du temps tels que des listes de tâches, des applications de planification et des techniques de gestion du temps pour maximiser votre productivité.

Investir dans la Santé Mentale et Physique

Prendre Soin de Soi

N'oubliez pas de prendre soin de votre santé mentale et physique. L'exercice régulier, la méditation et la détente sont essentiels pour maintenir votre énergie et votre concentration.

Exemple:

Oprah Winfrey, une entrepreneure accomplie, attribue une grande importance à la méditation et à la pleine conscience dans sa vie quotidienne. Elle considère ces pratiques comme essentielles pour maintenir son équilibre et sa créativité.

Conclusion

Équilibrer vie professionnelle et vie personnelle est un défi continu, mais c'est un défi qui en vaut la peine. En établissant des limites claires, en priorisant vos tâches, en investissant dans votre santé mentale et physique, vous pouvez atteindre un équilibre qui vous permettra de réussir dans votre entreprise à domicile tout en profitant pleinement de votre vie personnelle. L'équilibre est la clé du bien-être et de la réussite à long terme. Continuez à ajuster votre approche au fil du temps pour trouver ce qui fonctionne le mieux pour vous et votre entreprise.

Outils et techniques pour augmenter la productivité.

L'augmentation de la productivité est essentielle pour atteindre vos objectifs en tant qu'entrepreneur à domicile. Gérer efficacement votre temps et vos ressources est la clé de la réussite dans un environnement où les distractions et les responsabilités personnelles peuvent facilement entraver votre progression. Dans cette section, nous plongerons dans les outils et les techniques qui vous aideront à devenir plus productif et à tirer le meilleur parti de chaque journée.

Planification et Organisation

Utilisation d'un Agenda

Un agenda bien organisé est l'outil de planification le plus fondamental. Identifiez vos tâches et priorisez-les. Bloquez des plages horaires spécifiques pour travailler sur des projets importants, et assurez-vous de respecter ces créneaux.

La Matrice d'Eisenhower

La matrice d'Eisenhower est un outil puissant pour la gestion des tâches. Elle classe les tâches en fonction de leur urgence et de leur importance, vous permettant de vous concentrer sur celles qui ont le plus d'impact.

Exemple:

Elon Musk, le PDG de SpaceX et Tesla, est connu pour sa gestion du temps rigoureuse. Il divise sa journée en blocs de cinq minutes, planifiant chaque moment pour maximiser sa productivité.

Techniques de Gestion du Temps

La Technique Pomodoro

La technique Pomodoro est une méthode de gestion du temps qui consiste à travailler pendant une période de temps déterminée, généralement 25 minutes, suivie d'une courte pause. Cette approche favorise la concentration en fractionnant le travail en intervalles gérables.

L'Art de la Délégation

Ne cherchez pas à tout faire vous-même. Apprenez à déléguer des tâches qui peuvent être accomplies par d'autres, que ce soit en embauchant du personnel ou en externalisant certaines fonctions. Cela vous permet de vous concentrer sur les activités qui ont le plus d'impact.

Outils de Gestion de Projet

Trello

Trello est un outil de gestion de projet visuel qui vous permet de créer des tableaux, des listes et des cartes pour suivre vos tâches et projets. Il facilite la collaboration avec d'autres membres de votre équipe, le suivi des progrès et la gestion des délais.

Asana

Asana est une plateforme de gestion de projet qui vous permet de planifier, d'organiser et de suivre les tâches et les projets. Il offre des fonctionnalités avancées telles que la gestion des échéances, la collaboration en équipe et l'intégration avec d'autres outils.

Automatisation des Tâches Répétitives

L'automatisation des tâches répétitives peut vous faire gagner un temps précieux. Utilisez des outils tels que Zapier pour connecter vos applications et automatiser des flux de travail, comme la gestion des e-mails, la publication sur les réseaux sociaux et la gestion des leads.

Conclusion

L'augmentation de la productivité est un élément clé de votre réussite en tant qu'entrepreneur à domicile. En utilisant les outils et les techniques appropriés, vous pouvez optimiser votre gestion du temps, rester concentré sur vos objectifs et accomplir plus en moins de temps. Continuez à explorer de nouvelles méthodes et à vous adapter à mesure que votre entreprise se développe. La productivité est un voyage constant vers l'amélioration de vos performances et de votre réussite entrepreneuriale.

Chapitre 9: Croissance et Évolution

L'un des aspects les plus passionnants de l'entrepreneuriat à domicile est la possibilité de voir votre entreprise grandir et évoluer au fil du temps. Dans ce chapitre, nous allons explorer les stratégies et les considérations essentielles pour la croissance de votre entreprise à domicile. Vous découvrirez quand et comment embaucher du personnel, ainsi que comment étendre votre entreprise au-delà de votre domicile.

La croissance et l'évolution sont les étapes naturelles de votre parcours entrepreneurial. En investissant dans une croissance réfléchie et stratégique, vous pouvez transformer votre petite entreprise à domicile en une entreprise prospère et florissante. Préparez-vous à découvrir des conseils, des astuces et des exemples inspirants pour guider votre entreprise vers de nouveaux sommets.

Quand et comment embaucher.

L'embauche de personnel est une étape cruciale dans la croissance de votre entreprise à domicile. Savoir quand et comment embaucher est une décision stratégique qui peut avoir un impact significatif sur votre succès futur. Dans cette section, nous allons explorer les moments opportuns pour envisager l'embauche, les différentes options d'embauche, ainsi que les étapes à suivre pour recruter avec succès.

Identifier le Moment Opportun

La Charge de Travail

L'un des signes les plus évidents qu'il est temps d'embaucher est une charge de travail excessive. Si vous vous trouvez régulièrement débordé par des tâches qui empêchent la croissance de votre entreprise, il est peut-être temps de déléguer.

La Croissance de l'Entreprise

Lorsque votre entreprise connaît une croissance constante et que vous avez du mal à suivre la demande, envisager l'embauche est une étape naturelle pour exploiter cette opportunité de croissance.

Exemple:

La célèbre entreprise de médias sociaux, Facebook, a commencé dans le dortoir d'un étudiant. Mark Zuckerberg a embauché ses premiers employés lorsque la plateforme a commencé à se développer rapidement, montrant ainsi que la croissance de l'entreprise nécessitait une équipe.

Options d'Embauche

Les Employés à Temps Plein

L'embauche d'employés à temps plein est une option courante lorsque votre entreprise nécessite une main-d'œuvre constante et dédiée. Vous avez un contrôle total sur leur travail, mais cela implique également des coûts fixes plus élevés.

Les Contrats à Durée Déterminée

L'embauche de travailleurs temporaires ou de sous-traitants pour des projets spécifiques peut vous permettre de répondre à la demande sans les engagements à long terme associés aux employés à temps plein.

Les Travailleurs Indépendants

Engager des travailleurs indépendants peut être une solution flexible pour des tâches ponctuelles. Cela vous permet de bénéficier de compétences spécifiques sans engagement à long terme.

Le Processus de Recrutement

La Définition du Poste

Avant de commencer le processus de recrutement, définissez clairement le poste, ses responsabilités et les compétences requises. Cela vous aidera à attirer les candidats appropriés.

La Recherche de Candidats

Utilisez des plateformes de recrutement, des annonces d'emploi et des réseaux professionnels pour trouver des candidats. N'oubliez pas de promouvoir vos valeurs d'entreprise pour attirer des personnes partageant les mêmes valeurs.

L'Entretien et l'Évaluation

Conduisez des entretiens approfondis pour évaluer les compétences et la compatibilité culturelle. Vérifiez les références pour obtenir des informations supplémentaires.

L'Intégration

Lorsque vous embauchez un nouveau membre de l'équipe, assurez-vous de bien le former et de l'intégrer à votre entreprise. Une intégration réussie favorise une collaboration harmonieuse.

Conclusion

L'embauche est une étape excitante dans la croissance de votre entreprise à domicile. En identifiant le moment opportun, en choisissant la bonne option d'embauche et en suivant un processus de recrutement solide, vous pouvez renforcer votre équipe et contribuer à la prospérité de votre entreprise. Continuez à investir dans vos employés et à les soutenir pour favoriser la croissance et l'évolution de votre entreprise.

Étendre votre entreprise hors de la maison.

L'expansion de votre entreprise au-delà de votre domicile est une étape stratégique qui peut ouvrir de nouvelles perspectives et stimuler la croissance. Cependant, cela nécessite une planification minutieuse et une exécution réfléchie pour maximiser les avantages et minimiser les risques. Dans cette section, nous explorerons les étapes essentielles pour étendre votre entreprise hors de la maison avec succès.

Identifier les Opportunités d'Expansion

Étude de Marché

Avant de prendre des décisions majeures, effectuez une étude de marché approfondie pour comprendre les besoins, les préférences et la demande potentielle de votre produit ou service dans de nouveaux marchés. Identifiez également vos concurrents et les tendances du marché.

Évaluation des Ressources

Évaluez vos ressources actuelles, y compris votre équipe, votre budget et vos capacités opérationnelles. Identifiez les domaines où des investissements supplémentaires peuvent être nécessaires.

Planification de l'Expansion

Stratégie d'Expansion

Développez une stratégie d'expansion claire et réaliste qui détaille vos objectifs, votre marché cible, vos canaux de distribution, votre modèle de revenus et votre plan financier. Cette stratégie doit être alignée sur la vision à long terme de votre entreprise.

Exemple inspirant :

Amazon a commencé comme une librairie en ligne, mais sa stratégie d'expansion a rapidement évolué pour inclure une gamme diversifiée de produits et de services, devenant ainsi l'une des plus grandes entreprises du monde.

Choix du Lieu

Sélectionnez judicieusement l'emplacement de votre expansion. Considérez les facteurs tels que la proximité des clients potentiels, la main-d'œuvre qualifiée, les coûts d'exploitation et la réglementation.

Exécution de l'Expansion

Mise en Place de l'Infrastructure

Assurez-vous que votre entreprise dispose de l'infrastructure nécessaire pour soutenir l'expansion. Cela peut inclure l'ouverture de nouveaux bureaux, l'augmentation de la capacité de production ou la création de partenariats avec des entreprises locales.

Marketing et Promotion

Développez une stratégie marketing efficace pour promouvoir votre entreprise dans votre nouveau marché. Adaptez votre message aux besoins et aux préférences de votre public cible.

Avantages et Défis de l'Expansion

Avantages

- **Croissance potentielle** : L'expansion peut ouvrir de nouveaux marchés et augmenter vos revenus.
- **Diversification des revenus** : Élargir votre portefeuille de produits ou services peut réduire les risques liés à la dépendance à un seul marché.
- **Image de marque renforcée** : Une expansion réussie peut renforcer la crédibilité et la réputation de votre entreprise.

Défis

- **Investissement initial** : L'expansion nécessite souvent un investissement financier significatif.
- **Concurrence accrue :** Vous devrez peut-être rivaliser avec des concurrents locaux bien établis.

- **Gestion de la distance** : Gérer une entreprise à distance peut présenter des défis de communication et de supervision.

Conclusion

L'expansion de votre entreprise au-delà de votre domicile peut être une étape passionnante pour la croissance et le succès à long terme. En suivant une planification minutieuse, en identifiant les opportunités et en gérant les défis avec agilité, vous pouvez élargir votre empreinte commerciale de manière rentable. Restez ouvert aux ajustements et aux adaptations en cours de route, car l'expansion est un voyage continu vers de nouveaux horizons commerciaux.

Chapitre 10: Éviter les Pièges Courants

La route de l'entrepreneuriat à domicile est jalonnée de défis et d'opportunités uniques. Dans ce dernier chapitre, nous allons explorer les pièges courants auxquels sont confrontés les entrepreneurs à domicile et comment les surmonter avec succès. Vous découvrirez les erreurs les plus fréquentes et les stratégies pour les éviter, afin de poursuivre votre parcours entrepreneurial avec confiance et résilience.

Éviter les pièges courants est essentiel pour garantir le succès à long terme de votre entreprise à domicile. En tirant des leçons des erreurs des autres et en adoptant des pratiques exemplaires, vous pouvez éviter les écueils et renforcer votre entreprise. Préparez-vous à explorer ces défis et à découvrir comment les surmonter avec grâce.

Les erreurs courantes des entrepreneurs à domicile.

Lorsque vous entreprenez l'aventure de diriger une entreprise depuis votre domicile, il est inévitable de rencontrer des défis spécifiques qui peuvent entraver votre succès. Dans cette section, nous allons explorer certaines des erreurs courantes auxquelles font face les entrepreneurs à domicile et comment les surmonter avec sagesse.

1. Manque de Discipline

Erreur : L'une des erreurs les plus courantes est de manquer de discipline dans la gestion du temps. Les distractions à domicile, comme la télévision ou les tâches ménagères, peuvent facilement détourner votre attention de vos responsabilités professionnelles.

Solution : Établissez une routine quotidienne, définissez des heures de travail et respectez-les rigoureusement. Créez un espace de travail dédié, éloigné des distractions domestiques. Utilisez des techniques de gestion du temps, comme la technique Pomodoro, pour rester concentré.

2. Isolation Sociale

Erreur : Travailler à domicile peut entraîner une isolation sociale, car vous êtes souvent seul sans collègues ou camarades de travail à proximité.

Solution : Restez connecté avec d'autres entrepreneurs à domicile, que ce soit en ligne ou en participant à des groupes de travail locaux. Planifiez régulièrement des rencontres avec des amis ou des mentors pour briser la solitude.

3. Négliger l'Équilibre

Erreur : Certains entrepreneurs à domicile sacrifient leur équilibre entre vie professionnelle et vie personnelle, travaillant de longues heures au détriment de leur bien-être.

Solution : Respectez des heures de travail définies et prenez le temps de vous détendre et de vous ressourcer. L'équilibre est essentiel pour maintenir une productivité et une créativité élevées.

Exemple inspirant :

Richard Branson, le fondateur du groupe Virgin, est un entrepreneur accompli qui prône l'importance de l'équilibre travail-vie personnelle. Il consacre du temps à des activités de loisirs, comme le kitesurf, pour se ressourcer.

4. Sous-Estimer les Dépenses

Erreur : Beaucoup d'entrepreneurs à domicile sous-estiment les coûts de démarrage et de fonctionnement de leur entreprise, ce qui peut entraîner des difficultés financières.

Solution : Faites une évaluation réaliste des coûts liés à votre entreprise, y compris les frais généraux, la technologie, le marketing et les assurances. Établissez un budget solide et tenez-vous-y.

5. Manque de Planification à Long Terme

Erreur : Certains entrepreneurs à domicile se concentrent uniquement sur la gestion quotidienne de leur entreprise sans élaborer de plan à long terme.

Solution : Créez un plan d'affaires qui définit vos objectifs à court et à long terme, ainsi que votre stratégie pour les atteindre. Révisez régulièrement votre plan pour l'adapter aux changements du marché.

6. Échec à Évoluer

Erreur : Rester attaché à une idée ou à un modèle commercial qui ne fonctionne pas peut être préjudiciable à votre entreprise.

Solution : Soyez ouvert aux ajustements et aux changements. Évaluez constamment les performances de votre entreprise et adaptez-vous en conséquence. N'ayez pas peur de pivoter si cela s'avère nécessaire.

Conclusion

Les erreurs sont une partie inévitable du voyage entrepreneurial. Cependant, en reconnaissant ces erreurs courantes et en adoptant des stratégies pour les surmonter, vous pouvez renforcer votre entreprise à domicile et évoluer vers un avenir plus brillant. Apprenez des erreurs, restez flexible et persévérez dans la poursuite de vos objectifs entrepreneuriaux.

Conclusion

Félicitations, cher entrepreneur à domicile, pour avoir parcouru ce voyage passionnant à travers les pages de "De la Maison à la Fortune: Guide pour Lancer Votre Entreprise à Domicile". Vous avez exploré les profondeurs de l'entrepreneuriat, appris les clés de la réussite, et vous êtes désormais équipé pour forger votre propre destin.

Rappelez-vous que chaque grand entrepreneur a commencé quelque part, souvent dans le confort de leur propre domicile. Des géants tels qu'Amazon, Apple, et Microsoft ont vu le jour dans des garages modestes. Ce livre a été votre guide, mais l'avenir repose entre vos mains.

L'entrepreneuriat à domicile est une aventure où les défis ne manquent pas, mais où les opportunités sont sans fin. Ne craignez pas l'incertitude, car c'est là que se trouvent les plus grandes découvertes. N'ayez pas peur de l'échec, car il est le terrain fertile où poussent les réussites spectaculaires.

Restez curieux, continuez d'apprendre, et entourez-vous de personnes qui partagent votre vision. Votre passion, votre persévérance et votre créativité sont les clés de votre réussite. Chaque obstacle que vous rencontrerez n'est qu'une opportunité déguisée pour grandir et s'élever.

Votre entreprise à domicile est le reflet de vos rêves et de votre détermination. Elle a le potentiel de changer votre vie et d'impacter le monde qui vous entoure. Alors, que votre parcours soit émaillé de succès éblouissants et de défis stimulants. Embrassez chaque moment avec confiance et ténacité.

Le chemin que vous avez choisi est peut-être solitaire, mais il est pavé de promesses extraordinaires. Vous êtes un pionnier de l'avenir, un créateur de votre destin. Alors, levez-vous chaque jour avec une passion ardente et une vision claire, car vous êtes en train de bâtir votre propre fortune, de chez vous.

Le monde attend avec impatience de voir ce que vous ferez ensuite. Alors, foncez, cher entrepreneur, et que votre avenir soit rempli de succès, de réalisations inouïes, et d'une prospérité que vous n'auriez jamais osé imaginer.

Le monde est votre marché, votre domicile est votre siège social, et votre avenir est sans limites.

Bon voyage vers la fortune et au-delà !

Annexes

Félicitations pour avoir parcouru "De la Maison à la Fortune: Guide pour Lancer Votre Entreprise à Domicile". Dans cette section d'annexes, nous vous offrons des ressources supplémentaires pour enrichir votre voyage entrepreneurial. Explorez ces outils, témoignages inspirants et glossaire des termes d'affaires pour approfondir vos connaissances et votre compréhension de l'entrepreneuriat à domicile.

Ressources et Outils Recommandés

Outils de Gestion :

- Trello : Un outil de gestion de projet en ligne qui vous aide à organiser vos tâches et vos projets de manière efficace.

- Asana : Une plateforme de gestion de tâches et de projets qui facilite la collaboration en équipe.
- Evernote : Un outil de prise de notes pour capturer vos idées et vos informations importantes.

Logiciels Comptables :

- QuickBooks : Un logiciel de comptabilité en ligne pour gérer vos finances commerciales.
- FreshBooks : Une solution de facturation et de comptabilité pour les petites entreprises.
- Xero : Un logiciel de comptabilité cloud pour la gestion financière.

Ressources de Formation :

- Coursera : Une plateforme en ligne proposant des cours de qualité dispensés par des universités et des institutions renommées.
- Udemy : Une plateforme de formation en ligne qui offre une grande variété de cours sur divers sujets.

Lectures Recommandées :

- "Lean Startup" de Eric Ries : Un livre qui présente la méthodologie du "Lean Startup" pour lancer une entreprise de manière agile.
- "The $100 Startup" de Chris Guillebeau : Un guide sur la manière de créer une entreprise rentable avec un budget limité.

Témoignages d'Entrepreneurs à Domicile Réussis

Dans cette section, nous avons rassemblé les témoignages inspirants d'entrepreneurs à domicile qui ont transformé leurs rêves en réalité. Découvrez leurs parcours, leurs défis et leurs triomphes pour puiser dans leur expérience et leur sagesse. Ces histoires prouvent que l'entrepreneuriat à domicile peut être une voie vers le succès et la réalisation personnelle.

Témoignages d'entrepreneurs à domicile réussis.

Dans cette section, nous vous présentons des témoignages inspirants d'entrepreneurs à domicile qui ont transformé leurs rêves en réalité. Ces histoires sont des exemples vivants de ce qui est possible lorsque l'on combine la passion, la détermination et une vision claire. Les défis auxquels ils ont été confrontés et les succès qu'ils ont remportés illustrent le potentiel extraordinaire de l'entrepreneuriat à domicile.

Témoignage 1 : Sarah, Fondatrice d'une Entreprise de Conception Graphique

Sarah avait toujours eu un talent artistique, mais elle ne savait pas comment en faire une carrière. Elle a commencé à travailler sur des projets de conception graphique pour des amis et des connaissances depuis son domicile. Avec le temps, elle a développé ses compétences et sa clientèle. Aujourd'hui, elle dirige une entreprise de conception graphique prospère, avec une équipe de designers talentueux. Elle travaille depuis chez elle tout en collaborant avec des clients du monde entier.

Sarah conseille : *"Ne sous-estimez jamais la puissance de la passion et de la persévérance. Si vous êtes prêt à travailler dur et à continuer d'apprendre, vous pouvez réaliser vos rêves, même depuis chez vous."*

Témoignage 2 : Michael, Créateur de Contenu en Ligne

Michael était un passionné de la technologie et de l'informatique. Il a commencé à créer du contenu en ligne, notamment des vidéos et des articles, pour partager ses connaissances. Au fil des ans, sa chaîne YouTube est devenue populaire, attirant des milliers de téléspectateurs. Il a réussi à générer des revenus grâce à la publicité et aux partenariats. Aujourd'hui, il travaille à temps plein depuis son domicile, créant du contenu sur les sujets qui le passionnent.

Michael partage : *"La cohérence et l'authenticité sont essentielles. Si vous êtes passionné par ce que vous faites et que vous restez fidèle à vous-même, vous pouvez construire une carrière en ligne réussie."*

Témoignage 3 : Lisa, Propriétaire d'une Boutique en Ligne

Lisa avait toujours rêvé de posséder sa propre boutique, mais les coûts de location d'un espace commercial étaient prohibitifs. Elle a décidé de lancer une boutique en ligne depuis chez elle. Elle a commencé par vendre des bijoux artisanaux faits à la main et a rapidement acquis une clientèle fidèle. Elle a ensuite élargi sa gamme de produits et est devenue une entrepreneure à domicile prospère.

Lisa révèle : *"L'adaptabilité est la clé. Soyez prêt à ajuster votre entreprise en fonction des besoins de vos clients et des tendances du marché. L'entrepreneuriat à domicile offre une grande flexibilité."*

Ces témoignages montrent que l'entrepreneuriat à domicile peut être une voie vers la réussite, quel que soit le domaine d'activité. Chaque entrepreneur a surmonté des obstacles et a continué à avancer avec détermination. Leur succès est un rappel que, avec la bonne combinaison de passion, de travail acharné et de vision, vous aussi pouvez atteindre vos objectifs depuis chez vous. Votre avenir entrepreneurial est entre vos mains, et nous vous encourageons à poursuivre vos rêves avec confiance et persévérance.

Glossaire des termes d'affaires.

- **Actif** : Les ressources financières, matérielles ou immatérielles que possède une entreprise, telles que les biens, les investissements ou les comptes clients.
- **Bilan** : Un document comptable qui résume la situation financière d'une entreprise à un moment donné, en indiquant ses actifs, ses passifs et son capital propre.
- **Business Plan (Plan d'Affaires)** : Un document détaillé qui décrit la vision, les objectifs, la stratégie et le plan financier d'une entreprise.
- **Capital** : Les fonds propres d'une entreprise, généralement composés des investissements des propriétaires ou des actionnaires.
- **Chiffre d'affaires** : Le montant total des ventes réalisées par une entreprise sur une période donnée, avant déduction des coûts et des dépenses.
- **EBITDA** (Earnings Before Interest, Taxes, Depreciation, and Amortization) : Un indicateur financier qui mesure les bénéfices d'une entreprise avant les charges d'intérêts, les impôts, l'amortissement et la dépréciation.
- **Entreprise** : Une organisation ou une entité commerciale engagée dans des activités économiques pour générer des revenus et des bénéfices.
- **Marketing** : L'ensemble des activités visant à promouvoir un produit ou un service, y compris la publicité, les relations publiques, et la stratégie de communication.

- **Passif** : Les obligations financières et les dettes d'une entreprise envers des tiers, telles que les prêts, les comptes fournisseurs et les charges à payer.
- **ROI** (Return on Investment) : Un indicateur de performance qui mesure le rendement financier d'un investissement, généralement exprimé en pourcentage.
- **Start-up** : Une entreprise nouvellement créée, souvent axée sur l'innovation, la technologie ou la croissance rapide.
- **Stratégie** : Un plan à long terme élaboré pour atteindre les objectifs d'une entreprise, y compris les choix liés à la direction, à la croissance et à la concurrence sur le marché.
- **Valeur Ajoutée** : La différence entre la valeur des produits ou services d'une entreprise et le coût de production, mesurée en termes de bénéfice.
- **Incubateur** : Une organisation ou un programme qui offre un soutien, des ressources et un mentorat aux start-ups pour les aider à se développer.
- **Revenu Net :** Le bénéfice d'une entreprise après déduction de toutes les charges, y compris les impôts et les dépenses.
- **Actionnaire** : Une personne ou une entité qui possède des actions d'une entreprise et détient ainsi une partie de sa propriété.
- **B2B** (Business-to-Business) : Un modèle commercial dans lequel une entreprise vend des produits ou des services à d'autres entreprises.
- **B2C** (Business-to-Consumer) : Un modèle commercial dans lequel une entreprise vend directement des produits ou des services aux consommateurs.
- **Budget** : Un plan financier détaillé qui prévoit les revenus et les dépenses d'une entreprise sur une période donnée.
- **Clientèle cible** : Le groupe spécifique de clients que vise une entreprise avec ses produits ou services.
- **Dépenses d'exploitation** : Les coûts courants liés à la gestion quotidienne d'une entreprise, tels que les salaires, les frais de bureau et les fournitures.

- **Entrepreneuriat** : L'acte de créer, de gérer et de développer une entreprise, généralement avec un accent sur l'innovation et la prise de risques.
- **Fournisseur** : Une entreprise ou une personne qui fournit des biens ou des services à une autre entreprise.
- **Liquidation** : Le processus de dissolution et de vente des actifs d'une entreprise en vue de rembourser ses créanciers ou de mettre fin à ses activités.
- **Marché cible** : Le segment spécifique du marché auquel une entreprise s'adresse avec ses produits ou services.
- **Marketing mix** : Les éléments clés d'une stratégie marketing, comprenant généralement les 4P : produit, prix, promotion et distribution.
- **Part de marché** : La part d'un marché total détenue par une entreprise par rapport à ses concurrents.
- **R&D** (Recherche et Développement) : L'activité visant à créer de nouvelles innovations, produits ou technologies.
- **Redressement judiciaire** : Le processus légal permettant à une entreprise en difficulté financière de restructurer sa dette et de continuer ses activités.
- **SWOT Analysis** (Analyse SWOT) : Une méthode d'évaluation des forces (Strengths), des faiblesses (Weaknesses), des opportunités (Opportunities) et des menaces (Threats) d'une entreprise.Taux de conversion : Le pourcentage de personnes qui effectuent une action souhaitée, comme l'achat d'un produit, par rapport au nombre total de visiteurs ou de prospects.
- **UE** (Union européenne) : Une organisation économique et politique composée de pays européens qui coopèrent sur diverses questions, y compris le commerce.
- **Vente en gros** : La vente de produits en grande quantité à d'autres entreprises, généralement à des fins de revente.
- **Vente au détail** : La vente de produits directement aux consommateurs, souvent dans des magasins physiques ou en ligne.